刀利ダム
石
川
県
金沢市
富山県

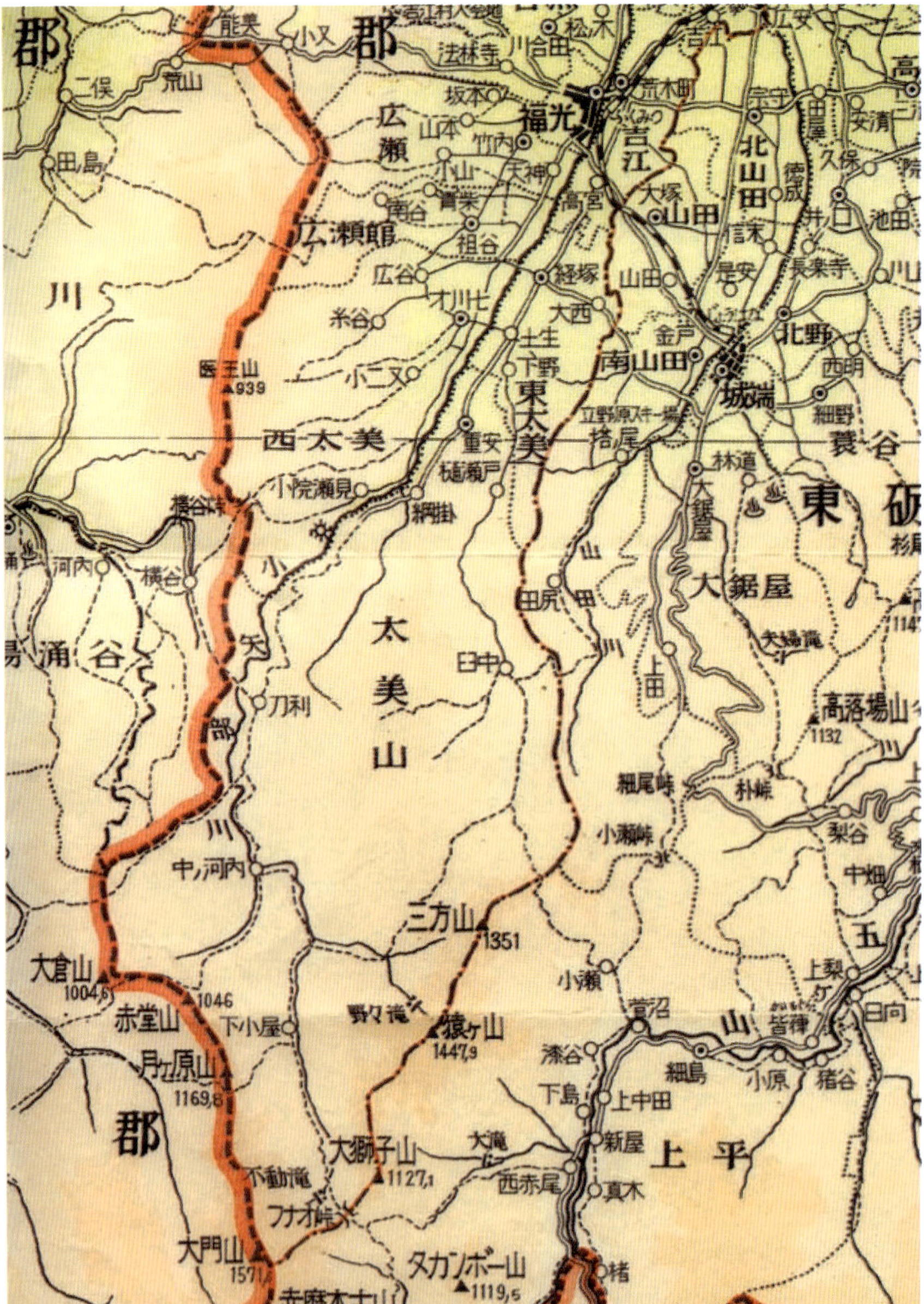

出典：富山県管内図　昭和22年富山県作成

詩人と写真家による

山崎少年の刀利谷

皆さんは刀利《とうり》ダム（富山県）に行ったことがありますか。刀利ダムはとても美しいダムです。湖面《こめん》は青く、周りの木々は深く、遠くに連なる奥山は紫色にたなびいて、まるで絵のようです。

でもそこは、五十年前までは、山々に囲まれた中に、小矢部《おやべ》川が静かに流れる谷間の村でした。そこには小さな村がいくつかあって、よく働く人々が何代にもわたって住みつづけていました。

ところが、時代が変って、沢山の電気が必要になったり、川下《かわしも》の人々の洪水や干ばつを防ぐためには、どうしてもダムを造らなければならなくなりました。

村中《むらじゅう》の家という家はすべて、学校も田んぼも、庭に咲いていたシャクナゲ（石楠花）も、川べりの可憐《かれん》な野の花も、永遠に水の底に沈んでしまいました。人々が生きていた証《あかし》となるもののすべてが。

今、湖畔《こはん》には山崎兵蔵先生の胸像《きょうぞう》が建っています。そして五十年以上も前の村のようすをじっと見つめています。

詩人と写真家による　**山崎少年の刀利谷　目次**

はじめに

このお話は、山崎兵蔵《ひょうぞう》先生の少年時代から、刀利ダムができるまでのお話です。

富山県と石川県の境に医王山《いおうぜん》という、高さ千メートルくらいのなだらかな山があります。その山の東側には大門山《だいもんざん》からの水をたたえた小矢部川が流れ、日本海へと注いでいます。お話に出てくる刀利村はその川のずっと上流の、いくつもの山を越え、谷を渡ったところにありました。

刀利は山深い僻地《へきち》だったため、村には、明治になって学校制度ができてからも、学校がありませんでした。そのため村の人たちはずっと、子どもたちに教育を受けさせたいと思っていました。長いことみんなでお願いをしてきて、やっと学校ができるようになりました。

村の人たちはおおよろこびをしました。そして心をおどらせて、先生が来るのを待っていました。明治三十四年五月、待ち望んでいた先生がさっそうとやってきました。その先生は、十五歳になったばかりの少年先生でした。

村の人たちはびっくりしました。でも山崎少年は優秀な成績だっただけではなく、温和でやさしく、思いやりのある、とても勤勉な少年でした。この時から少年先生と村の人たちとの、互いに育み合い、学び合う生活が始まりました。

十五歳の少年先生はそれから五十五年もの間、村がダムに沈むその日まで、村の人たちと生活をともにし、子どもたちの教育に全生涯《しょうがい》をささげました。山崎少年が見た刀利谷の村には、日本が忘れてはならない原風景《げんふうけい》があったのかもしれません。

山崎先生は日本でただ一人、時の文部大臣から、最高の教育者として世界的に尊敬されているペスタロッチの名にちなんで、「東洋のペスタロッチ」といわれ讃《たた》えられました。

一　少年先生と刀利谷

刀利谷の四季

刀利谷の四季は美しく、雪に埋もれた冬からめざめると、裏山には一重の山椿や山吹の花が一斉に咲き、山々を明るく染めました。雪解けの清水には水芭蕉《みずばしょう》が清楚な白い花をつけ、陽の当たる暖かな斜面にはカタクリの薄紫色の花がゆれていました。

若葉は山々を萌葱色《もえぎいろ》に包み、枯葉の上には小さな座禅草《ざぜんそう》が深紫の花弁をのぞかせていました。

夏になると、小矢部川の川岸の、合歓《ねむ》の木の薄ピンク色の花が風にそよぎ、秋には、いっつきの木に可憐《かれん》な赤い実が下がって、山に

オニグルミ

はアケビや桑の実が甘く熟していました。

山々に植えられた杉の木の間からは爽《さわ》やかな風が渡り、山裾に広がる棚田には青々とした稲が波打っていました。

ヤマボウシ

綱掛《つなかけ》村と刀利

山崎少年が生まれたところは、富山県西砺波郡太美山村の綱掛というところで、刀利からは六キロ下ったところでした。さらに小矢部川に沿って十キロほど下ると、一番近い町、福光町にでます。刀利は福光町からは半日もかけて歩くところで、綱掛はその途中にありました。

山崎先生は綱掛の山崎善蔵の六人兄弟の二男として明治二十年一月に生まれました。家は農家でしたが、代々集落の「しょうざ・村役」(1)をつとめ、役場の議員や学務委員などをしていました。

また綱掛は蓮如《れんにょ》上人が巡錫《じゅんしゃく》された地でもあり、家のすぐ近くには蓮如様寺といわれた小さなお寺がありました。今はありませんが、お母さんがよくおまいりをしていました。

生家跡　土蔵が残る

少年時代

山崎兵蔵少年は、子どもの頃はみんなから親しみを込めて「兵《ひょう》ま」と呼ばれていました。兵まは幼いときから働くのが好きで、やさしいお母さんといっしょに、畑の豆まきや草取り、山の蕎麦《そば》まきとか薪《まき》の担ぎ出しなどをしていました。

いつも学校から帰って、草鞋《わらじ》の紐《ひも》を解くとすぐに、お母さんと相[2]かちをはじめました。またお母さんが薪を担いで福光に行くときには、兵まは二束担いで後ろに続きました。

親の言いつけにはいやと言ったことがありません。いつもにこに

こと返事をしていました。兵ま少年には兄弟が六人いましたが、下の弟三人と妹は早くから京都方面に出て働いていました。そのため兵まは日曜日もほとんど遊ぶことなく、弟たちの分も働きました。だから近隣の者みなから賞《ほ》められていました。でも無邪気でひょうきんなところもありました。

山本宗平《やまもとそうへい》先生

兵ま少年は学校でも、とても素直で明るく、活発だったので、だれにでも好かれ、慕われていました。又、先生からいわれた仕事は、どんな事でも、どんな時でも、いやな顔をしないで、さっさと終わりまでやりとげました。

尋常《じんじょう》小学校（四年間）を卒業すると担任の影近清毅《かげちかせいき》先生の強い奨《すす》めで、福光の高等小学校（四年間・十四歳で修了）に入り、毎朝五時に起きて二里半の道を通いました。

影近先生は尋常小学校では、代用教員から、二十三歳の若さで校長になった方ですが、その寸暇《すんか》を惜しんだ勉強ぶりは兵ま少年の心を強く打ちました。その後先生は「講義録」を独学して早稲田大学にすすみ、鉄道省の参事官にまでなりました。

また、高等小学校の担任の吉波彦作《よしなみひこさく》先生の苦学力行《くがくりっこう》の姿や、校長の山本宗平先生の崇高な人格、識見の高さ、気骨ある学者肌の訓話などにもふれて、大きな影響を受けました。

村長さんが

兵ま少年は多くのすばらしい先生方の薫陶《くんとう》のもと、勤勉な精神やくじけない心などを養い、雨の日も、雪の日も、寒い日も、暑い日も、毎朝五時に起きて、十キロの道のりを一日も休まずに通いつづけました。

そして、高等小学校を卒業した兵ま少年は家の手伝いをしていました。お父さんはなかなか厳格な人で、悪いことはびしっと叱《しか》りましたが、そんなお父さんが兵まは大好きでした。

四月も終わりに近いある日、いつものようにお父さんと一緒に田

を耕した後、畔《あぜ》に腰を下してお弁当を食べていると、村長さんがやって来ました。そして「今度、刀利に学校が出来るので、よい先生をさがしているんだが、兵蔵さん、お前が行ってくれないかね」ときりだしました。高等小学校を優秀な成績で卒業した、温厚で純真な兵ま少年を校長先生が強く薦《すす》めたのでした。

兵まはびっくりして目をぱちくりさせ、すぐには返事ができませんでした。家に帰って両親と真剣に話し合い、自分が望まれているならば役に立ちたいと思い、快く返事をしました。

少年先生の誕生

小さいながらも、初めての小学校の設立だったため、先生には「〝刀利の者〟になってくれる人を」という強い思いがありました。それにふさわしい者を、として探した結果が兵ま少年だったのでした。(3)

でも十五歳の未成年者を受け入れる村人たちも、責任を重く感じていました。これは兵ま少年と村人たちとが、思いを一つにした、理想郷をめざしての決断でした。こうして、十五歳の兵ま少年は、刀利谷が最も美しい、そして光り輝く五月、村長さんと一緒に刀利村にやって来ました。

でも、村まで行くにはたいそう難義《なんぎ》でした。綱掛の家から村まではは往復十二キロもありましたし、道には岩や石がごつごつ飛び出していました。また両側からは背丈ほどもある雑草が生いかぶさり、細い木の枝がたれ下がっていました。

しかも、村の入り口にはノゾキという断崖絶壁《だんがいぜっぺき》がたちふさがり、黒くて斑点のあるマムシが出る難所が待ち構えていたのです。

ミズバショウ

十一人の子どもたち

　ところが村に入ると、そこは、桃源郷《とうげんきょう》(4)のようでした。山の斜面の深緑色の杉の木と、前を流れる小矢部川からは、すがすがしい風がわたってきました。萌葱色の若葉の間には赤い椿が顔をだし、黄色い山吹がぱっと山肌を染めていました。ところどころに山つつじの薄紫色の花がのぞいている道の辺を、小鳥のさえずりに耳を傾けながら学校へと向かいました。

　ただ、学校といってもそこは二間半に三間の小さな小屋で、壁は崩れ落ち、すみにはクモの巣が張っていました。中からは萱《かや》の屋根

ヤマブキ

裏が見え、窓は板窓が一つしかありませんでした。だから閉めると真っ暗になります。そこに十一人の子どもたちが、筵《むしろ》の上にちょこんと座っていたのです。

でも少年先生は元気よく「私はこの学校を復興します。皆さんも一緒によく学び、よく遊び、よく働いて下さい」と力強く挨拶をしました。

大掃除

それから少年先生は掃除にとりかかりました。シャツ一枚になって、鉢巻をすると、手当たり次第にクモの巣や埃《ほこり》を払い始めました。その後は、ぼろ屑のような雑巾で、床や周りの板を拭き始めました。

「おい、そこをどいてくれ。いま、雑巾が走るぞ」という先生のひょうきんな掛け声に、緊張していた子どもたちの心もだんだんほぐれていきました。

初めは手をこまねいていた子どもたちも、しだいに手伝うようになり、ゴミを捨てたり、水を運んだり、箒《ほうき》や雑巾で先生と同じ事をやり始めました。教室はみんなの手で見違えるようになりました。

ここから先生の五十五年もの教員生活と、村人たちとの共同生活が始まったのでした。それは、先生が育て、育てられる村の生活の始まりでした。山の空気のように清らかな村人たちのこころは、若くて純粋な少年先生のこころに浸み込んでいったのです。

初冬の刀利

黒板作り

少年先生と子どもたちとによって、教室は使えるようになったのですが、そこには黒板も机も椅子《いす》もありません。そこで先生は「オーイ。明日、家から大きな板を持ってきてくれ」といいました。

すると子どもたちは翌朝、家にある一番大きな板を引っ張って来ました。先生はそれをつなげて、墨《すみ》を塗り、黒板を作っていきました。できあがると初めて見る黒板に「ワー、先生は大工さんやなあ」と子どもたちの歓声があがりました。

「さあ、黒板を掛けるぞ」。そう言って先生が両手で掛けようとするとと、ひっくり返って、外れた黒板に頭をぶつけてしまいました。「黒板になぐられた」と先生が言ったので、みなどっと笑いました。

余った板では机と椅子を作りました。子どもたちは銘々《めいめい》の机と椅子をなでながら大喜びをしました。そして、楽しそうに、まめまめしく働く若い先生が大好きになりました。

夏の日も冬の日も

それから、少年先生は、毎日往復一二キロの道のりを、縞《しま》の着物に白い股引《またひき》、草鞋《わらじ》を履《は》いて、立て莫蓙《ござ》を着、菅笠《すげがさ》をかぶってやってきました。そのため、少年先生の腰から下は、いつも朝露でぐっしょり濡《ぬ》れていました。

夏になると、蛇やマムシが這《は》い出すし、雨が降ると道はまるで小川のようになりました。冬は二メートルもの雪が降るため、カンジキを履かないと歩けません。少年先生は雪をかき分けながらやってきました。吹雪の日などは片道三時間も四時間もかかる時がありました。でも先生はどんな日にも一日も休みませんでした。

子どもたちはよく、村の入り口のノゾキという難所のところまで迎えに行きました。「せんせーい」と呼ぶ声と、「おーい」と応える声とが谷にこだましていました。

マムシグサ

木のカバンとノート

子どもたちは本もノートも鉛筆も持っていませんでした。初めは小さな箱に灰や米ぬかを入れて、指先で字の練習をしていましたが、それでは細かい字の練習ができません。

困った先生はついに板を小さく切って墨を塗り、机上《きじよう》の黒板を作ることを考えました。出来上がった一人一人の黒板を白墨《はくぼく》といっしょに渡すと、子どもたちは書いては消し、消しては書いて大喜びをしていました。

カバンも、釘《くぎ》で打った木の箱だったので、いつも、ごとごとと鳴らしながら担いできました。そのためカバンはすぐにいたみました。

「カバンがいたんだら、みな直してやるぞ」、「カバンや。お前は一番大事な道具友達や。もう一本釘を打って強い体にしてやろうかな」と言いながら優しく直す少年先生に、子どもたちもカバンを大切にする気持ちを強くしていきました。

手足洗いと帯締め

これまで子どもたちは、あまり身の回りをかまいませんでした。少年先生は「さあ、手足洗いだぞ」といってバケツに水を入れてきて、順番にていねいに洗ってあげました。

「きれいになった。お前の顔は利口そうだな。今に発明家になるぞ」、「お前の手は少し肥えてきた。よく働くような手だな」。そんな冗談に子どもたちは喜び、だんだんと自分で洗うようになっていきました。

先生はみなが帯をしっかりと締めていないのも気になりました。

「さあ、帯の締め直しだぞ。ついでに心も一緒に締めてやるぞ」と言いながら一人一人の帯を解き、しっかりと結び直すのでした。
やがて子どもたちは帯の締め直しも、先生にやってもらったように、自分でやれるようになりました。

相撲《すもう》と鬼ごっこ

授業がすむと少年先生はいつも外で相撲をしました。「さあ相撲や。皆やってこい」、「お前はまだ力いっぱい出しとらんぞ。もっとしっかり組みついてこい」、「お前は少しあわてるくせがある。今度はゆっくりとるぞ」などといいながら、大勢の子どもたちに足にとりつかれたり、腰に飛びかかられたりしたので、先生の袴《はかま》はよく破れました。

そんなときにも叱ることなく、「また、袴のあやまちか(5)。ははあ」と笑いながら、針と糸を出してきて、ひとりで縫い合わせました。

先生は特にきかん子や、あまりなつかない子を相撲の相手にしました。先生ともみ合った後の子どもたちは、親しみを増して素直さを加えていきました。

女の子とはよく鬼ごっこをしました。目隠しをして追い回したり、追い回されたり、心ゆくまでいっしょに遊びました。それは少年先生のたいせつな日課でした。

なくした筆

　ある時、買いたての筆を落として泣いている子がいました。家に帰ったら叱られると言います。「心配するな、先生が用意してやるから」。そういってなだめた先生は福光までの十六キロの山道を往復して、筆を求めてきました。

　そして翌日、密かにその子を呼んで筆を与えました。後でそのことを知った父兄がお金を払いに来ましたが、先生はどうしても受け取りませんでした。

　先生は「お金をもらうくらいなら、わざわざこっそりと福光まで

行きはしない。あれはわしの子どもへのこころです」と言いました。
そのことばを親から聞いた子は、以前にも増して勉強をするように
なりました。

子どもたちと学校

女の子たちはよく、子守をしながら学校に来ました。そのため学校はまるで託児所のようでした。子どもは泣くわ、おしっこはするわ、薪は煙いわで、てんやわんやでした。

でも先生は嫌がらず「おおよく来てくれた。かたい子や」といって頭を撫でてやりました。

男の子たちは順番に薪を担いできました。でも学校へ毎日行くことができない子もいました。家の手伝いをするために、三日出たら一日休むとか、雨の日しか来ない子もいました。天気になると男の

子は炭を焼くための炭窯《すみがま》につれていかれて手伝いをさせられました。女の子も三時か四時ごろ起こされて、片道十キロ近い山道を一度窯まで行き、くず炭やアシ（炭化していない部分）などを背負って家まで運んでから学校に来ました。

また、村の収入源は炭焼きの他には山菜だったので、ススタケの出る五月から六月にかけては、一日か二日おきに町の市場に売りに行きました。そのため、前の日に採って茹《ゆ》で、夜遅くまで子どもたちも皮むきを手伝いました。学校の昼休みの時間にも急いで家に帰って、ゼンマイもみを手伝ったりしました。

子どもたちの協力が山の暮らしを支えていたのです。

男の子と赤ん坊

親たちの朝は早く、特に母親は誰よりも早く起きて、朝と昼の食事の用意をし、自分たちの弁当も作って、長い道のりを炭窯へと向かいました。そのため後のことは子どもたちに任されました。

祖父母のいない家では、一番上の子が弟や妹の子守をしながら、赤ん坊のミルクや米の粉、おしめなどをもって学校へ行きました。

ある時男の子が、弟をおんぶしながら学校へ行きました。いつも言われているように、先生のいる居間の戸を静かに開けて、大きな声で、先生の顔を見ながら「おはようございます」と挨拶をしました。

するとと先生は「おはよう。ほう、今日は子守があたったか」といって「たとえ子守があたっても、勉強はしっかりとせよ」と暖かな眼差しを向けてくれました。休憩時間にはヤカンのお湯をもらい、弟にミルクを飲ませました。弟が眠ってしまうと先生は「赤ちゃんに着せてやれや」といって居間から毛布を出してきてくれました。それからは肩が楽になったので、先生の話をしっかり聞くことができました。

家に帰って、夕食の支度をして待っていると、帰ってきた母親に「変わったことはなかったか」と聞かれたので、先生のことを話すと「こんど学校に行った時に、先生にお礼を言わんなん。有難いことや」とひとりごとをつぶやいていた、と当時のことを感慨深く話してくれました。

二　みんなで作った新しい校舎

ショウジョウバカマ

新しい校舎

山崎少年が十五歳で刀利にやってきてから十年がたちました。少年先生が手を加えつづけてきた校舎は天井が低い上に、後から直した障子の窓も小さく、狭くて暗い、小屋のようなものでした。

また、敷居も柱も腐ってきたので、先生は明るいガラス窓の、学校らしい校舎で子どもたちを学ばせてあげたいと思っていました。

そのことを知っていた村の人たちはある晩「先生、今年こそは学校を建てねばなりませんね」と言うと、先生も「わしは辛抱するが、子どもたちがかわいそうでな。是非頼む」と言いました。

これまで先生は自分のために「頼む」ということばを使ったことがありませんでした。その先生が、子どもたちのために思わず吐いたこの一言に、村人たちは全員立ちあがりました。

みんなで

三月、雪がまだ山々を被《おお》っている時、村人たちは雪をかきわけたり、踏みかためたりして材木を運び出しました。そして日曜日には先生も雪まみれになって木を運びました。子どもたちも、やんやと手伝いました。

四月に入る頃には、いつの間にか校庭は材木の山となり、夏休みになると新建築が始まりました。先生は夏休み中、ほとんど休まずに村人たちと一緒に働き、炊事や、湯沸かしにあたりました。

秋になって壁の作業に入ると、子どもたちもよろこんで壁屋の手

伝いをしたり、壁土を運んだりしました。十月、ようやく新しい校舎が出来上がると、村人たちは先生のために、先生は子どもたちのために、たいへん喜びました。

オルガンが来た

　ある日、先生が刀利の山道を小さなオルガンを担《かつ》いでやってきました。子どもたちはこれまで誰もオルガンを見たことがありませんでした。そのため、ぜひオルガンの音色を聴《き》かせてあげたいと、先生が高岡から自費で買ってきたものでした。先生にとっては、ながい道のりを運ぶ苦労も、子どもたちの喜ぶ姿を思うと、苦にもなりませんでした。

　先生は楽譜で稽古《けいこ》をしたり、本校で弾きかたを習ったりして、一生懸命練習をしました。ようやく上手に弾けるようになった先生の周りには、子どもたちが集まり、毎日、先生を囲んでいろいろな歌を一緒に歌いました。その歌声は谷間に響き渡り、村人たちも学校の近くに来ると、耳をすませて聞き入りました。

ツリフネソウ

お客さん

刀利にもときおりお客さんが来るようになりました。そんな時には学校が宿泊所になり、山崎先生が世話役でした。先生は食事ごしらえや台所回りには、子どもたちを手伝わせました。

茶碗洗い、鍋釜洗い、お盆ふきなど、みな、先生に習ってまめまめしく働きました。「いとぞこ(6)を丁寧《ていねい》に洗ったかね」、「見えるところより眼に見えない所が大事だよ」、「これでよい。きれいになっておるぞ」と一つずつ見て言いました。

それから、学校の便所や塵芥《ごみ》捨《す》て場などの見えないところも、皆

できれいにしていきました。この、人の見ている所より、人の見ていない所が大事なのだという教えは、村全体の「こころ」となってずっと伝えられていきました。

お裁縫

先生には一つだけ教えられないことがありました。それは裁縫《さいほう》でした。時々、本校から女の先生に来てもらいましたが、それでは心細かったので、冬、長期の裁縫講習を行うことにしました。

裁縫の先生には乳飲み子がいたため、子守を雇ったのですが、あまりに赤ん坊が泣くので、子守は逃げ帰ってしまいました。困った先生は、自ら乳飲み子をあやしながら、校舎内をぐるぐる回っていました。そのため先生の着物は赤ん坊のよだれや鼻水、おしっこなどでぐちゃぐちゃでした。

見かねた裁縫の先生は、洗濯を申し出ましたが、先生は「そんな暇があったら、どうか少しでも裁縫を教えてやって下さい」と言うと、さっさと川へ行って、汚れを洗ってしまうのでした。

こうした先生の誠意に、裁縫の先生も、子どもたちも感激し、「山崎先生のために、決して油断してはならないぞ」と、寸暇《すんか》を惜しんで夜更けまで一生懸命学びました。

わずか二週間でしたが、みな立派に習得し、裁縫で引けを取ることはありませんでした。

トタンのお風呂

この頃、先生は学校の谷川寄りにトタン製の風呂を作りました。

「もう入ってもよいぞ」「今日は三年生から入る順番だったかな」子どもたちと一緒に風呂を焚《た》き、入っている子のそばで薪を添えたり、背中を流したり、拭《ふ》いたりしました。

「お前の背中はすこしこんごになっているぞ。まっすぐに伸ばしてみよ」、「お前はちかごろ肥えてきたようだな。うまいものがあたるかい」などと言いながら、背をなでたり、腹を抑えたりして触れ合い、一緒に心の垢《あか》まで洗い流すのでした。

おぼろ昆布のおにぎり

遠足になると、先生は必ず夜中の二時ごろに起きてご飯を炊き、三時ごろからおにぎりを作りはじめました。遠足は太美山にある本校と一緒なので、六キロ以上上《かみ》の分校の出発は早く、本校が七時ならば、分校は五時に出なくてはなりません。

そのためいつも「昨日の疲れで今朝寝坊して、まだおにぎりもできませんので」と、親に連れられてくる子が何人かいました。先生は「そんな時の用意じゃ。おにぎりはさっきから待っておるぞ」と言いながら子どもたちに渡すのでした。

先生が作ったおぼろ昆布のおにぎりは沢山あったので、皆も一緒に食べました。「おぼろこんぶ」はいつまでも子どもたちの忘れられない味となりました。

また、長い山道を下小屋のほうまで歩いていく時などは、先生は飴玉を用意して子どもたちを元気づけました。その頃の飴《あめ》は堅《かた》かったので、いつまでも口の中にありました。おかしなど食べたことのない子どもたちにとって飴玉も先生の味でした。

「異常児」と先生

小学校に、みんなから「異常児」とよばれている子がいました。「あんな子でも救えるもんでしょうか」という質問を受けた先生は、「こんな子は初めてだが、子どもはあくまで見捨てるもんではない」、「ここで見捨てたら、どうなるか。救えるか、救えないかではない。救ってやらねばならないのだ」、「どんな子でも、どこかに善良性を宿しているのだから」と言いました。

そして、「あの悪智恵を良い智恵に転化すれば、立派な人間に生まれ変わるかもしれない。忍耐が何より肝要《かんよう》だよ」と言って、その

子から目を離しませんでした。

一年、二年と注がれていく先生のまなざしに、その子もだんだん溶けていき、少しずつ落ち着いて勉強をするようになりました。そして異常児とまで言われたその子も、社会でマジメに働くようになりました。

南作少年

また、学校の近くに大きな障害を持った南作という少年がいました。背が曲がっていて、足が不自由で、あごには大きなコブがありました。そのためいつも前かがみに、てっこんてっこんと歩いていました。

家族の者は世間を恥じて、いっしょに連れだすこともなく、話しかける者もいなかったので、南作はいつも孤独でした。でも先生は「このような体に生まれついたとて、南作自身に何の罪があろうぞ。作さん、学校にあそびにこないか」と声をかけると、南作は「いいんですか」と思わず問い返しました。「いいとも。二人で話をしようではないか」と言う先生の言葉を聞いて、南作の顔は、ただひとりの相手を見出した喜びに輝くのでした。

そうけ編み

ある晩、南作は「先生、何か働くことがないもんかね」とたずねました。「そうだな。そうけ[7]編みはどうかね」と先生が言うと「それはいい。手だけで出来るし」と言って喜んだ南作は、先生が頼んだ編み師の下で、たちまち習得していきました。

「お前の器用さには驚いた。村の誰も及ばんよ」と先生が言うと、南作は「この腕前を世間に見せてやるんだ」と言って、朝は夜明けと共に、夕は目の利く限り、そうけ編みから手を離しませんでした。

「南作があんな技量をもっているとは思わなかった」と皆に言わ

れ、これまで人間扱いされなかった南作は、生まれ変わったようになりました。

「どんな人間でも、決して見下げたり、見棄てたりするもんではないよ。作さんだって人間だからな」という先生のことばに、南作の親たちは涙を流すのでした。

南作の望み

南作はまた、とても頭がよく学問も好きでした。先生から夜いろいろなことを教わり、ただただ先生に感謝し、敬愛の情を募らせていました。が、ある夜、思いきって、おそるおそる先生に「実は一度、京参りをしてみたいのですが、かなわぬもんでしょうか」と聞きました。それは南作の切なる思いでした。

刀利は仏縁の地で、人々の信仰心も篤《あつ》く、京参りが一生の願いでした。先生は、皆が無理だと思っていた本山へのお参りを決心したのでした。

そして「仏はお前のような体にこそお手を引いて下さるであろう。己はお前さんより十も若いがまだ京参りしておらん。お前さんのその心に引かれて連れていってもらうよ」と言うと、南作は泣き伏し、それからというもの、京参りを唯一の楽しみに、浄財のためにと寸《すん》暇《か》を惜《お》しんでそうけ作りに励みました。そうして七十円もの大金をためたのでした。その時そうけは一個十五銭で、編み上げるのには数日が必要でした。

京参り

それからしばらくたったある夏の日、先生は喜びにむせぶ南作をかばいながら山を下りていきました。先生の姿を見送った家族や村人たちは、深い感謝のおもいをむねに、二人の姿が、木の間から見えなくなっても、いつまでも手を合わせつづけていました。

先生は、初旅で不安がる南作に始終《しじゅう》寄り添い、足は痛くないか、具合は悪くないかと、抱き上げ、手足となって導くのでした。

京都に無事着いた南作は、まず一番に御堂へと進み、読経の流れる中、不自由な足で、つつましやかにひざまずき、望みのかなった喜びと、先生のかぎりない愛とに、湧《わ》き出る涙を止めることが出来ませんでした。それから南作は十年近く生きながらえましたが、いつも京参りの話をして悦《よろこ》んでいました。

三　先生の「こころ」永遠に

キクザキイチゲ

本代

あるとき、福光の本屋に寄った先生は、店主から「先生のところの若者が本代をためていて困ります」と言われました。先生は「それは申し訳ない。いくらになりますか。私が代わって払っておきます」、「今度だけは堪忍してやって下さい」とたのみました。

刀利に帰ると先生は青年に「お前は本を沢山読んでいるなあ。おもしろいかい」、「お前の本代は全部支払ってきたから、安心して読め。しかし黙って借りておくと、刀利の恥になるぞ」、「本代がなかったら、わしに言え。貸してやるから」と言いました。

その後、この青年は決して書店に借りをつくりませんでした。そして時々、先生のところに本代を借りに来ました。青年はさらに読書に励んで、希望する道へと進んで行きました。

親ごころ

ある人から「先生は、教育に倦怠《けんたい》を感じたことがありませんか」と質問されました。先生は「商売なら、金が儲《もう》からなくなったら、いやになったりしましょう。でも教師は子どもの前に立つ時には、職業意識を離れて親心になるんですね」、「ただし、親の子煩悩《こぼんのう》を殺して、親心を生かすのが、教師の親心ではないでしょうか」と答えました。

中学校まで勉強をしないで勝手ばかりをしていたある少年が、卒業の時、お祝いに先生から机をもらいました。その少年は後になって「卒業祝いの勉強机が人生を変えた。これまで叱られたことはなかったけれど、さぞ心配をかけたことだろう」、「卒業してから、その机で一生懸命勉強をした。起業できたのもそのおかげだ」と言うのでした。

ケマンソウ

責任感

この頃、先生の感化力が低下しているのでは、という感想を聞いた先生は「子どもたちは純粋で先生を信じていきますから、先生に力があって、真実子どものためにつくしておれば、子どもは自らついてきて、大きな感化力になると思いますよ」と言いました。そして「私は、自分の教え子に責任を感じています。刀利の者がどんな人間になるか。将来の責任を感じないなら、教える時にも責任を感じないのではないですか」とつづけました。

さらに「私もこの頃、青少年の犯罪が多いというので、村の若い者に『悪いことをするなよ』と言ったら、『先生につけても悪いことはできない』と言ってくれた」と嬉しそうに話すのでした。

こうした、相呼び合った師弟の固い結びつきは、先生と村人たちとの間にもありました。

オオウバユリ（つぼみ）

信は信を生む

ある時、村の青年が「学校時代にいたずらをして校具を壊したことがあります。先生が来て誰がやったか調べましたが、皆だまっていました。すると先生は『やっぱりねずみのいたずらだな。良い子どもたちにいたずらをする者はいないはずや』と笑って行かれました。いつもこんな風でしたので、私たちはかえって先生の信頼にそむかぬようにつとめました」と言いました。

先生にはつねに「子どもには善良性がある。教師はあくまでその神性を信ぜねばならぬ。児童を疑うことは、その神性の冒瀆《ぼうとく》ではな

いか」という思いがありました。
村人たちとの関係においても、「村の者がわしのことを信じているから、わしも又、親のようにせねばならぬ」という思いと、「先生の信頼に応えねばならぬ」という村人たちとの思いは、「信は信を生み、信は信を育てていく」という関係になっていきました。

みなともに

先生は誰が訪ねてきても「やあ、よう来られた。さあ、あたらっしゃい」といって、囲炉裏《いろり》に炭火《すみび》をつぎました。その姿には素朴な心情が打ち出されていました。それは子どもたちにも、村人たちにも、客人たちにも同じでした。いろいろなところからお客さんが来て、泊まっていきました。写生などで他の学校の生徒たちも大勢《おおぜい》来ました。

また、先生は青少年の教化や、山村の開発などにも意欲を燃やしていました。先生の喜びは村人たちとの生活にありましたし、その祈りは困っている村人たちの救済でした。

私心や私情をはさまず、物にもとらわれない、寛くて豊かな人格の先生を、誰もが慕っていました。

先生と岩魚《いわな》

村では、いつもはあまり魚を食べられませんでした。だから岩魚はごちそうでした。ある時、子どもたちが先生に喜んでもらおうと、学校裏の沢で岩魚を籠《かご》いっぱいに捕ってきました。

学校前の小矢部川は蛇行していて、そこには山から湧き出た清水が沢水となって滝のように流れ落ちていました。その清流のたまりに岩魚がたくさん住んでいたのです。

でも岩魚を見た先生はちっとも喜んでくれませんでした。子どもたちはとても不思議に思い、みなで頭をひねって考えました。そし

て誰かが気づいたのでした。岩魚はみんなお腹にいっぱい卵を持っていたのです。子どもたちは命の大切さを知りました。

炭焼きとボッカ

村の生活は自給自足でしたので、炭焼きはお金を得るための大切な仕事でした。だから刀利谷の大人たちはとても忙しく、朝はまだ夜が明けないうちにカンテラを下げて山に入りました。炭焼きを始めると山を下りられません。窯の温度を保ちながら何日も炭小屋にこもります。その間、先生は子どもたちの親代わりです。

炭が焼きあがった時にはみなで山に登り、ボッカ(8)という炭俵運びをしました。子どもたちは炭を一俵ずつ、先生は三俵背中に担いで、険しい山路を何回も往復しました。疲れた子どもがいると「そら、もう少しだ。「頑張れ」といっていつもはげましていました。

先生と子どもたちの長い列は晴れた日、山腹の木々の間から、いつまでも見え隠れしていました。働くことの大切さと厳しさを、先生は子どもたちと身をもって分かちあったのでした。

晩秋の刀利谷

落ちない夕日

山峡の刀利谷には夕日が落ちません。子どもたちにとって太陽は頭の上を照らすものでした。すぐ前の山から出て、後ろの山に消えてしまいます。だから子どもたちは夕日を見たことがありません。

夕日を見せてあげたいと思った先生は、子どもたちを前の山の一番高いところに連れていきました。そして大人たちが炭を焼く山より、もっともっと高く登りました。頂上に着いた時には遠くに日本海が見えました。そして太陽はだんだん大きくなり、赤くなって沈んでいきました。

水平線にかかる頃、どの子も大きく真っ赤な太陽に向かって、自然と手を合わせていました。

こころの内の仏様

山崎先生の心の内には仏様がおられました。それが先生からの一番の頂き物でした。先生の人生はすべて刀利の村人たちと、子どもたちのためのものでした。いつも一人一人をみつめ、それぞれに合った教育と助言を行い、落ちこぼれをつくらないようにしてきました。

そのおもいの基には菩薩心(9)ともいえるような「一人を救うことによって全体が救われる」、「ただ、相手が困っている時、それを助ける」、「己の利益よりも、みんなのために」がありました。

刀利は自然も生活も厳しかったけれど、感謝の気持ちが篤《あつ》く、心は豊かでした。先生はさらに純粋さや、優しさ、真摯《しんし》な生き方などを育んで下さいました。

信仰篤《あつ》き道

刀利はその昔、蓮如上人という偉いお坊さんが通った道でした。今も蓮如さまが道すがら、腰を掛けて休まれたという腰掛石が沢山残っています。村人たちは昔からずっと蓮如様の教えを大切にしてきました。それは感謝するこころと自他一如《じたいちにょ》のこころでした。

先生は子どもたちに感謝するこころと広い慈《いつく》しみのこころ、まごころや陰ひなたなくまじめに働く姿などを、身をもって示してくださいました。そして「相手のために」が口癖《くちぐせ》でした。

山崎先生の生家を訪れるとその横にも、昔、蓮如さまが腰かけたという「腰かけ石」の碑が建っています。そして、その前の小さなお寺の石段でよく遊んでいたといいます。ここは金沢から五箇山への信仰篤き道でした。山崎先生と真宗の教えとを結び付けた所でもありました。

東洋のペスタロッチ

人々を育てるために、自らも刀利の人となって、生涯山の生活を共にした先生に対して、時の文部大臣、天野貞祐《あまのていゆう》氏は「東洋のペスタロッチ」と讃えました。日本人では初めてのことでした。

ペスタロッチという人は、全てを人のためにして、己のためにはしなかった崇高《すうこう》なスイスの教育者で、日本でも大変尊敬されている人です。

少年先生が刀利に来てからもう百年以上たちますが、先生の蒔《ま》いたすばらしい種は、子どもたちに伝えられ、守られ、美しい華《はな》をたくさん咲かせました。それはまるで、凛《りん》として伸びた一本の茎に、百もの華が咲く「一茎百華《いちけいひゃっか》」のランのようでした。

それは、先生と村人たちとの「共鳴」の結果でもありました。

先生への思い

昭和二十六年、刀利谷の子どもたちを我が子とし、村人たちを家族とし、学校を我が家としてきた山崎先生の教育五十周年記念式典が、村を挙げて行われました。

子どもたちは何日もかけて床をみがき、杉の青枝などで歓迎用のアーチをつくりました。展覧会や学芸会、中河内《なかのこうち》の獅子舞なども披《ひ》露《ろう》され、近隣の集落の人々や、副知事他、五十名以上の来賓《らいひん》の方々が出席した盛大なものでした。

その式典で村人たちは「先生の尊い一生は、刀利のわれわれのた

めに賜《たまわ》りました。今日までの刀利の進歩発展は、一つとして先生の力によらないものはありません。先生の汗のしたたりは、刀利全土にしみ込んでいます」と涙ながらに謝辞を述べました。
教え子たちも「ひそかに諫《いさ》めて、公に褒《ほ》める」ことを貫かれた先生に、深い敬《けい》慕《ぼ》の念をにじませるのでした。

苦渋の決断

それから五年後、山崎先生が人間の持つ本来のあたたかさや真実のやさしさなどを残して退職されてまもなく、ダムの話が持ち上がりました。先祖たちが命をかけて守り、育て上げてきた千年もの歳月と、美しい自然を守るために、村人たち全員は断固反対しました。

けれども、山崎先生の「洪水や渇水に悩まされてきた川下の人々の幸せのために」という思いや、松村謙三《まつむらけんぞう》氏(10)の誠意ある対応などによって、何回もの話し合いが持たれるようになりました。そして最後には「川下の人々のために」ということをむねに、固かった囲みは解かれていきました。
それは村人たちにとって苦渋の決断でした。

離村

ダムの建設が決まった後の昭和三十六年九月二十日、村人たち全員によって最後の運動会が行われました。そして十一月三十日には離村式が行われ、翌年の春までに、住み慣れた村を去ることが決まりました。

最後の運動会では、目を悪くしていた山崎先生は、見えにくい目で一生懸命、食い入るように見ていました。出場者全員が先生の教え子でした。

また離村式では、これまで生活を共にしてきた村人たちを前に、

先生は「村人とともに親子のように、あるいは兄弟のようにして住みついたこの地、飲み慣れた谷内ヶ谷《やちがたん》の水は八功徳水《はっくどくすい》の水、刀利は極楽であった」と涙ながらにおっしゃって、皆との別れを惜しみました。刀利は先生にとって全てだったのです。

ダムの底へ

それから、村人たちの家々は片づけられ、百年も二百年もの間、風にも、雪にも、雨にもまけずにたっていた家々は次々に燃やされていきました。ブルドーザーが唸《うな》り、周りの山々をふるわせ、工事の音は遠くの村々に何年ものあいだ響いていました。そしてあの断崖絶壁の難所だったノゾキは、コンクリートでふさがれ、大きなダムサイトになりました。

昭和四十一年秋、仮排水溝がしめられると、せき止められた小矢部川の水はひたひたと上がっていき、十五歳の少年先生がはじめて歩いてきた道も、だんだん見えなくなっていきました。

そして刀利谷のいくつもの小さな村は、山の斜面に咲くカタクリの可憐な花や、山から流れる清水に咲く水芭蕉の花とともに、静かに水の底へと沈んでいきました。

すっかり沈むまでには何か月もかかりました。

刀利の土に

その頃から入退院を繰り返すようになった先生は、教え子に付き添われた病院のベッドの中で、「刀利がダムになる事は、身を切られる思いだが、私の大好きな小矢部川が姿を変えて、多くの人々と地域に貢献できるなら、私は思い残すことは何もない。人生の締めくくりは刀利の土になることだ」と、消え入るようにつぶやくのでした。

そして、教え子たちが見舞いに来てくれるのを一番の楽しみにしていました。目は見えなくても、その声、その話し方で、誰かはすぐわかりました。「さと子、よく来てくれたな」、「隆雄、元気にしてるか」などと、心から嬉しそうでした。

一生を独身で通した山崎先生は、それから間もなく、七十七歳でその生涯を閉じられました。先生を一生刀利に惹《ひ》き付けてきたもの、それは、美しい刀利谷の自然と、美しい村人たちの心と、美しい子どもたちの瞳ではなかったでしょうか。

先生のまなざし

今、ダム湖には、その昔、村人たちが祭りをした社の頂きに生えていた栗の木が一本、水が少なくなった時、黒い頭を覗かせます。そして湖畔には山崎先生の銅像が建っていて、そのまなざしは青く透き通った湖に向けられています。

でも先生が見つめているのは湖面ではありません。ダムになる前の村のようすです。

綿毛のようにやわらかな、薄ピンク色の花を、かすかにゆすっている合歓の木の下で、川遊びをする子どもたちのはしゃぎ声。

五十年以上前の、その声に耳を澄ませているのです。
そのようすを、川岸で腕を組みながらじっと見ていた時を思い出しているのです。

未来へ

紫たなびく山々に囲まれ、青く澄みきった刀利ダムは美しく、遠くに雪をいただいた大門山の峰々とともに、まるで一幅《いっぷく》の絵のようです。

けれども、それにもまして山崎先生が残していってくれたものは「美しいこころ」でした。それは人々の内に深く浸みとおり、今に伝えられています。この美しいこころはきっとこれからも、未来に向けて大切なものを語り続けていくことでしょう。

教育のかたちは場所により、時代によって変わっていくこともあ

ります が、変わらないもの、変わってはいけないものもあります。
山崎先生の美しいこころは、刀利だけではなく、未来に向けて、日本人のこころの内に深くしみ通っていってほしいと願っています。

注

（1）村の取りまとめ役のこと。

（2）米を臼に入れ、二人交互に手杵《てぎね》で米を搗《つ》くこと。

（3）南源右ェ門さんによると、学校設立時に学務委員だった祖父の伝右ェ門が、津々浦々の評判の中から、役場の議員同士で、互いによく知っていた綱掛の山崎善蔵氏の次男に白羽の矢が立ったのだという。在学中から、父親との間では根回しが進んでいた。

（4）別天地、理想郷のこと。

（5）方言で、怪我《けが》のこと。ここでは袴《はかま》が怪我をした（破れた）という意味。

（6）陶磁器の底部。茶碗の底のこと。

（7）ざるのこと。

（8）歩いて山を越え、荷を運ぶこと。

（9）菩薩様が持っておられる心のことで、命を慈しみ、他を愛し、己の利ではなく、他のものの利を生き、助けることに喜びを見いだそうとする心のこと。

（10）明治十六年、福光新町に生まれる。山崎先生と同じく、徳望高い山本宗平先生から薫陶と感化を受けた。第一回普通選挙から連続して衆議院議員に当選。厚相、文相、農相などを歴任した。

参考文献

『一茎百華』初版本　村田豊二著　学芸図書出版社
『一茎百華』復刻版　村田豊二著（刀利会）桂書房
『万華鏡-富山写真語』「刀利」他　ふるさと開発研究所
『ダムに沈んだ村・刀利』谷口寛作著・谷口典子編　時潮社

四　山崎先生への思い出と離村

教え子たちの記録

草むしり

高田　俊子

小学校四年生か、五年生だったと思います。先生は、夏のある日、上級生二十人ほどを校庭に集めて、「今日は草むしりをするぞ」と言われ、校舎の横手に向かいました。そこは、岩石の山裾がせまり、杉木立等でいつも日陰になっているところです。大きな石が四個並んでいて、トイレの汲み取り口です。五・六メートル離れていても臭気が強く、長く伸びたドクダミが青黒く茂っています。

先生はその一帯を指さしたのです。すでに鼻を隠した子もいました。女子は、田の近くの「オオバコ」の群生にしゃがみ、男子はガ

ヤガヤと難所に向かいます。暑い日射が頭や背中に照ります。作業開始から間もなくして、「はい、そこの三人、草取り終了。手を洗って帰り支度」。不意に先生の声が。一瞬耳を疑い、皆で顔を見合っていました。

三人はきまり悪そうに、あとを振り返りながら帰って行きました。皆、話し声もなく、男の子は石を動かして、白く長い茎の「ドクダミ」をむしっています。その時、「今、その石を動かした人、草取り終了。手を洗って帰り支度」。先生の命令。三人は、顔を赤くして、笑いながら跳ねて帰りました。私の指は、さかむけから血がにじみ、時々歯でかみしめてむしっていましたが、不安と不満が胸にうずまいてきました。

ほどなく先生は、手をはらいながら、「あんにゃらちも、終わりにしようまいか。きれいになった」。一同やれやれ。そして先生は静かな口調で、「きたないところ、苦しい仕事を自分からすすんでやる人は、立派な大人になれる」とおっしゃいました。

無知な私は理解できず、小さくなりかけた渦を固めて先生をみつめていました。すると先生が、「そんな指なめんと、口からよいがに、あらわにゃ」と。愛情に満ちた一言が胸の渦を、涙で流してくれました。「わかりました。ごめんなさい。これからは、えり好みせず、がんばります」と心に誓いました。この草とりはこれで、明日教え子が汲み取りに来ても楽だろうという思いからでした。

八十年近く生きた今日、朝の決意は昼には忘れ、似たような失敗の繰り返しです。せめて、十歳の頃に巻き戻してやりなおせたらと思いながらも、細々と生きながらえられたおかげさまは、愛情深く、厳しい先生の教訓によるものです。

昨日も、軋む関節をなだめながら、やがて八十八歳になる、大難ある夫が、ゆっくり研いだカマを背に、作物のない畑に、草刈りに行ってきました。

ヒガンバナとクロアゲハ

物作りと「荒カベ」

北村　一松

小学生時代、山崎先生は学校での勉強はもとより、成長して大人になっても、どんな仕事でもできる人間にと、基本的な勉強のかたわら、いろいろなことを教えてくださいました。それは私たちの集落が小矢部川の上流の山深いところにあり、町から遠く、ほとんど自給自足だったためでもありました。

先生は物は大切に、使えるだけ工夫してつかいなさいと、そして自分で作れるものはお互いに考えて作るようにと、小刀やノコギリ、釘や金づちなど、材料や道具などを貸してくださいました。私は工

作の時間が一番楽しみでした。私の筆入れはセルロイドだったため、すぐ割れてしまったので、先生に薄い板をいただき、上のフタは斜めに工夫して、横に開くようにしました。先生に見せると「おまえは大きくなったら大工になるか」と褒《ほ》めてくださいました。

また、六年生になった時、教室の増築がありました。建ちあがり、外回りとか、部屋の中仕切りなどに壁を塗るときになると、かなめの仕事は職人さん方がコウマイなどを作りましたが、「荒カベ」は私たちで作りました。瀬戸山の粘土質の土を、荷車で校庭の隅に作った囲いに運び、水を入れて素足でこねました。数日たってその土の中にツタ（藁《わら》を細かく切ったもの）を混ぜて壁土を作り、職人さんに教えてもらって塗りました。

これは先生が「この生徒たちに教えてほしい」と指示された上でのことでした。一つの部屋の壁を塗り終えたとき、先生が来られ「終わったか。一度に多くをやると疲れと飽きがくるもんだ。今日はそれでよし。素人として良くできた。明日また頑張ってくれ」と、満足げに居間に帰って行かれました。

先生は生徒に何でもできる、やりぬくことの大切さ、一つのことを成し遂げることの大事さなどを、体験を通して教えてくださったのだと思います。また先生は、日頃から生徒の行動をよく見ておられたので、その子にあった体験を通して、社会に出てもついていけるような人間になってほしい、という深いこころからだったと思います。

やる気で変わる

谷中　定吉

私自身、子どもの頃から勉強と努力が大嫌いで、居眠りが大好き人間でした。そんな私を、先生が試してくださったことがあります。

あれは確か小学五・六年生の、今の学習発表会で、劇の主役をあてて下さったことがありました。当然、「こんな長いセリフは覚えられません」と断りましたが、先生は、「大変だったら皆に教えてもらってやってみなさい」と言われ、押し切られました。同級生のできる子は皆、私の脇役でした。明日からは、同級生の女の子がセリフを読んでくれたのを覚えるだけ。皆で私を作り上げてくれたお

かげ様で、学芸会はそれなりに成功しました。

山崎先生からはやればできるのだということを、皆が助けてくれたことで教えられました。「人はやる気で変わることじゃ」と教えて下さいました。それ以来、怠け者の自分を変えることの意味がわかりかけたように思います。

山崎先生は、後輩の先生方にも教え子達の特徴や弱点などを伝え、参考にしてもらっていたようです。中学校卒業の日に、担任の先生から、「他に誰も心配な生徒はいないが、キミは今も将来が心配です。山崎先生に安心してもらえるよう頼むよ」といわれました。

小学生の時に、山崎先生が教えて下さった、人は変わることが大切だという意味を、いまさらながらかみしめています。もしも私が先生にお会いしていなかったら、今日の私はなかったと思い、感謝を忘れません。

あと一つ、忘れられないことがあります。全ての教え子が我が子であった先生は、兵隊に行った男の子が元気で帰還し、挨拶に来た時、お嫁に行った女の子から様子を知らせる手紙やはがきが来たとき、両親以上ともいえるほどによろこびました。

また、先生が常にこころがけてくれていたのが「ひろみ育ち」（都会育ち）に負けないように、ということでした。我慢強さや素直さ、信頼性の高さなどで世間に信用されていることなど、とてもよろこんでくださいました。

その先生の口癖は「最後は刀利の土になることだ」でした。けれども先生が教員生活の第一線から降りられる頃には、長年の無理な生活から目を患われ、最後の三年余りはとてもご不便なお体でした。閉村式の後、村人たち（先生にとってはみな実の子どもたち）に見送られて生家に帰る日、見えなくなった目で、幾度となく我が家（学校）を振り返られていた悲しいお姿には、集まった教え子たちの誰もが涙ばかりでした。みな、すすり泣き、「先生ありがとう」の言葉も言えませんでした。先生の心中もさぞ寂しかったことでしょう。

その後、生家に帰られてから、先生は教え子たちの家を少しずつ、訪ね歩かれました。そのうちの一軒が私の家でした。しばらく居ていただいたのですが、ずっと居ていただくこともできず、妻と両親に先生の見送りを頼みました。夕方、家に帰り、つらすぎたので妻から最後の様子を聞いたときには、こっそりと一人涙しました。先生は、私の家から生家に着かれて、百日余りで他界されました。先生を亡くなるまでお世話できなかったこと、今になってそのことがとても残念に思い出されます。

贈られてきた机

宇野　淳夫

　何といっても、私利私欲を排した、博愛に満ちた先生でした。村人は皆愛する子供であり、孫であると云った、親以上の親であり、生涯独身を貫き、刀利の教育にささげて下さったことは、村人への博愛の精神に他ならないと思っています。時には厳しく、時には優しく、皆平等に接するお姿には、ただ頭が下がる思いです。教え子全てに親以上の感情を持って接して下さったので、帰郷すると真っ先に先生のところに挨拶に伺ったものです。先生の嬉しそうなお顔を見ると、また頑張ろうという気持ちになったことを、昨今のごと

く覚えています。

こんな小さな田舎から、叙勲三人（検事・警察・厚生）の輩出は、山崎先生の教えを忠実に実践したものであり、刀利の誇りでもあると思っています。

私は出来の悪い奴でありましたが、卒業祝いに勉強机を贈って頂いた時、何時かは先生の期待に添いたいと思っていました。

我が家では、私が末っ子だったので、全てがお下がりの世界だったため、ピカピカの机が届いた時の嬉しさは、言葉では言い表せない感激であり、先生の励ましに報いるために頑張ろうという気持ちが増したことを、今も忘れることができません。

それが後の就職、そして働きながら大学に進んでの米国留学などは、やればできるという師の教えであったと確信しています。本当に我が人生、最高の師であると、何時も心に刻んで生きてきました。

海を見せたい

滝田　実

上刀利から下刀利までは、上り坂だったので、炭を積んだトラックが力不足で登りきれませんでした。そんな時は、運転手さんが学校へ救援の依頼に来て、先生は高学年生を指名され、二十名くらいで押し上げに行きました。当時は、ガソリンの一滴は血の一滴と言って、エンジンの始動はガソリンで、エンジンがかかったら木炭燃料に切り替え、木炭車といっていたのです（終戦近くには、最初から木炭燃料だった）。

そんな縁で、刀利の子どもに海を見せたいと先生から聞いた運転

手さんは、トラックの荷台にむしろを敷いて、私たちを伏木・雨晴らしまで連れて行ってくださいました。駐在所の前を通る時は、黙ってシートをかぶり、荷物に変身しました。

五百坪の田圃を広いなあと見ていた者が、初めて見た海。井の中の蛙を地で行ったようなもの。十五キロの炭俵を、四メートルの荷台まで軽々と放りあげるたのもしい運転手さんのハンドルさばき。万一エンコすれば、荷台に強力な助っ人が。信頼し合った行楽は、楽しくないはずはありません。

帰りは夜の九時。山崎先生は迎えに出てくださいました。そして、「刀利では、海を見ずに亡くなられた人ばかり。君たちはよかったな」とおっしゃいました。

城山にアンテナを

南　源右エ門

山崎先生はテレビ開局前から、視聴覚教育用のテレビを刀利分教場に欲しいと思っていました。けれどもいざテレビが入ると、意外にも地形や位置、気流の関係などで映りが日々変わってしまい、映像化率は五十パーセント以下という状態でした。

刀利は山間の低いところのため、冬に入り、大相撲の初場所を見るために村人たちが大勢集まってきても、雪の日などはさっぱり見られないほどでした。そこで先生は皆のために、なんとかもっとはっきり映るようにならないものかと、試験的に一月の寒中、もっと

高いところなら映りもよいだろうと、深い雪の中を、学校の後方の城山（百メートルの高さ）に登り、アンテナを設置した結果、百％の満足を得ることができました。先生は、いっしょにいった坂下君や北村君たちと一緒にびっくりするとともに大喜びしました。けれどもそれはその場のみのことで、学校まで線を引いていくと、距離が長すぎるため、電波が弱くなり、人だか風景だかわからない状態になってしまいました。

そこで、電器屋を呼んで、次の対策として、高度なアンテナブースターをつけ、電波を増幅したところ、天気の良い日には九十％ほど見れるようになりました。先生はこれで世間の先端に後れを取ることがないと大変満足されました。

こうした、子どもたちにまちの子と同じ教育をさせてあげたいという思いと、村人たちの喜ぶ顔を見ることが願いだった先生に、生徒も村人も感謝の思いを忘れることはできません。

下小屋から刀利分校へ

清瀬　保子

もう六十年も前のことです。私は刀利から二里も離れた下小屋の九軒しかない小さな集落で育ちました。父親は、私が生まれる七か月前の冬、猟の熊捕りでなだれに巻き込まれ、亡くなりました。小さな集落でしたが、小学校はありました。でも、中学校に上がると、刀利の分校に通うことになりました。

夏は、土曜と日曜の二日間は、登喜ちゃんや寛ちゃんと三人で、実家に帰って来ました。冬季、十一月から明けて四月頃までは雪の為、帰れなかったと思います。学校にいる間は、山崎先生が親代わ

りをしてくださいました。

学校の裏の小川で、大きなお釜に、他の先生方の分も一緒に入れ、お米を洗って、朝、薪で炊くのですが、火がつきにくくて、それが一番困ったものでした。そんな時、山崎先生が後ろからそっと教えてくださいました。

それから、学校にお風呂がなかったので、先生に連れられて、村のあの家、この家と、お世話になりました。刀利の村の人たちの、やさしくて思いやりのある方々のことが、今でも忘れられません。

卒業後、十五・六歳で町に来てしまったので、金沢に来て五十年以上。久しぶりに、山崎先生の五十回忌にお参りさせていただき、刀利の村に立ってみたけれど、ダムになってすっかり変わってしまい、懐かしいと思うより、少しさびしい気がしました。

先生のお姿、今も

長原　澄子

私は、先生の最後のほうの教え子でしたが、先生のお姿を今も感じています。黒板に字を書かれていたお姿や、囲炉裏に胡坐《あぐら》され、来客の相手をされている様子を、二階のてすりにお腹をつけ、頭を下にくの字に曲げて見ていたこと。そのあと、後ろに手を組み、ゆっくりと踊り場を通って二階に上がってこられたお姿など、よく覚えています。

また、道路沿いに流れる小矢部川は、浅くゆるやかな流れだったので、裸で水遊びをして遊ぶ私たちを、道端で腰を下ろし、見守っ

ていてくださるお姿が、思い出として残っています。

先生の五十周年記念式典は、私が六年生のころだったと思いますが、校舎全体が隅々まで清掃され、教室には様々な作品が展示されました。何度も何度も雑巾がけした講堂での式典で、大勢の来賓の方々を前に、祝辞を受けられている先生のお姿は、とても晴れやかで若々しくみえました。

好天にも恵まれ、校庭に設営された舞台では、練習を重ねた合唱や踊り、楽器演奏、本校からの参加もあり、寸劇も披露されました。全国から教え子たちも帰村し、それは盛大な祝賀会となりました。かってない賑わいは、とてもうれしい出来事として、今も印象に強く残っています。

私が中学生に入った年、鈴木先生が赴任されてき、浦田先生、坂田妙子先生、下小屋の中学生、冬には中河内の生徒も加わる大家族が、山崎先生を中心に、寝食を共にされていました。その頃は、これが普通の光景として見ていましたが、長く続く厳しい冬を、横を流れる谷川で洗い物をし、水をくみ、食事を作って食べる日々は、どんなに大変だったことでしょう。

そんな日々の中、村を離れた教え子達がたずねて来てくれることを一番の喜びとされていたことが、よくわかります。村も最後となった頃、学校前を通りかかった時、先生が校舎の窓から、じっと、でもぼんやりと見つめている寂しそうな姿は、忘れられません。

それから、金沢大学病院に入院中、一度お見舞いに伺った時には、ことのほか喜びを深くされ、ベッドに腰をおろし、相変わらず背筋をピンとされていらっしゃいました。会話は自由にできましたが、付き添いをされていた村の方から、私の様子の説明を受けていらしたので、目が不自由になられていることがわかりました。

家庭生活が多忙な日々に追われ、なかなかお訪ねすることができなかったことが今でも心残りです。

小矢部川源流

離村後の刀利

滝田　君子

　昭和三十六年秋ごろより、早い人は慌《あわただ》しく家屋の処分をすませ、荷物等最小限に、三十七年には全員が村をあとにしました。当時は道路の状態も悪く、トラックの積み荷にも大変苦労があったと思います。私の家でも、年をとった両親は金沢へ引っ越しましたが、村の責任者で、残務整理等もたくさんあり、山に未練も残っていた夫と私は、残ることになりました。

　ダム工事も本格的に始まると、工事関係者が日ましに増え、残った家屋を利用したり、仮設の事務所や住宅なども建って、さびしく

なっていた村が、一回りにぎやかになりました。そのうち道路も少しずつよくなり、バスが通い始めると、最後の刀利を見ておこうと、連日、大勢の人たちが訪れるようになりました。

氏神様の移転や、校庭にあった山崎先生の銅像や、修路記念碑などを業者と共に、ダムサイド近くまで移したりと、いろいろな作業がありました。工事が始まって六年あまり、昭和四十一年暮には、仮排水を締め切り、いよいよ湛水《たんすい》が始まるということで、夫は各村をまわり、残骸《ざんがい》の後始末に、寄せ集めては燃やしで、汗だくの日々でした。

昭和四十一年十二月、いよいよ湛水が始まり、さあこれで長年住んだふるさとの見納めかと思うと、胸がいっぱいになり、さびしさに震えました。ひたひたと音をたてて、濁水が上流へと逆流していきます。下刀利の御宮様の後ろから、バンド島、クズ沼、北の浦と、一人で見ているのがつらくて、誰かに知らせたくても電話も車もなく、悔しい思いでいっぱいでした。

そのころになると、工事関係者もひきあげ、少数となりました。そして昭和四十二年には、立派なアーチ式のダムが誕生しました。

下流の方々からは、ダムのおかげで洪水や干ばつの被害がなくなったととても喜ばれるようになりました。

小矢部源流の長瀞峡

五

資料

刀利という村

刀利の信仰心

佐伯　安一

刀利谷は念仏の里であった。村人は四時念仏に明け暮れた。

蓮如上人がここを通って五箇山から飛騨へ向かったという伝説があり、刀利谷の中河内をはじめ、あちこちに蓮如の「腰掛石」が残っている。それは伝説であろうが、赤尾の道宗が京都山科の蓮如のもとへ通ったのはこの道であったろうし、十六世紀の早い時期の本願寺からの絵像裏書などからみても、五箇山南部へ真宗が流入したのはこのルートであった。

上刀利、下刀利、滝谷の刀利三か村では、元禄年間にお東十六代一如上人から他寺が受けていた御消息を譲り受けて護持しており、別に三か村それぞれに文政年間に二十代達如上人から御消息を受けている。上流の下小屋も達如消息を受けていた。中河内には念仏道場があって伝蓮如筆六字名号を掛け、各戸が一か月交代で毎朝のお勤めをしていた。

冬、十二月下旬から三月上旬にかけて、「同行様」といって金澤あたりから説教僧が下の三か村へ来て一週間ほどずつ滞在し、毎晩各戸でお座が開かれた。読経唱和、説教があり、その際この御消息が読み上げられる。読み終わると頭上へ差し上げて参詣者に向け、「御名《ごめい》、御印《ごいん》」と大声で唱えたという。どのお座にも三か村の人たちみんながお参りをした。そして「こんだ、うちにさしてくれ」といってお座の宿をするのを喜びとしていた。

旧正月の二月には城端別院善徳寺から「正月回り」といって、宝物巡回があった。晩秋には各家のホンコサマ（報恩講）があり、手次寺から僧侶が来村して檀家の家々を回った。

刀利谷の信仰の歴史の中でもっとも大きなできごとは、明治十五年（一八八二）の本山への用木献納であった。それは、百三十余年たった廃村後の今も語り継がれている。

東本願寺は江戸時代後期の天明八年（一七八八）以後、幕末までに四回も焼け、その都度再建されている。四回目は幕末元治元年（一八六四）の禁門の変の戦火による焼失で、その再建は維新後の明治十三年（一八八〇）から始まった。

わき上がるように起こった再建熱の中で、刀利谷では上刀利白山社の欅の大木を献納することになった。氏子たちが長い年代にわたって育ててきたもので、長さ七間四尺（約十四メートル）、目回り一丈ほど（約三メートル）のまっすぐな赤欅であった。運び出すには村の前を流れる小矢部川を利用できるのであるが、現在刀利ダムが築かれている地名ノゾキというところは、谷が狭まっている上に曲流していて、とてもそこを流すことはできない。そこで、雪道を加賀の横谷へ通ずる対岸の刀利峠まで曳き上げ、尾根伝いに約五キロ下流の綱掛まで曳いてから小矢部本流へおろす方法がとられた。しかし、峠まで曳き上げることが難事であった。

村前の小矢部川から刀利峠までの比高差は約百メートル。修羅《しら》とコロを敷き大木に大わら縄と子縄をつけて曳き上げるのだが、刀利谷だけではとても手に負えないので近郷の村々や対岸の加賀横谷にも応援を求めた。上刀利の南伝右ヱ門の書いた「御本山ヘミヤの木上ル」という記録によると、明治十五年（一八八二）二月七日から二十六日までの二十日間に延べ三千八百人、一日平均百九十人の動員であった。もちろん全てボランティア。この他に大わら縄や大量の酒の奉仕もあった。刀利の人たちは、炊き出しや遠い村の人たちを泊めるのに大わらわだったという。仕事着を乾かすのに終夜いろりで大火を焚いた。

とにかく予定のコースで小矢部川へ流し、伏木港から北回り回路で下関、瀬戸内海を通って京都へ運ばれた。今、御影堂内陣の右奥隅の柱に使われているのがそれである。

このような大事業を成し遂げたのは、深い信仰心と村の団結力である。もともと刀利はまとまりの強い村であった。村内婚が多いので村中が親類であり、家族のように仲良く暮らしていた。きびしい自然や激しい労働にもじっと堪え、助け合いながら村を守っていた。それを支えていたものは念仏の心であったろう。堪えるというよりは、「お与えさま」として素直にその境遇を生きていたのである。

十五歳の山崎兵蔵少年先生を受け入れた刀利はそんな村であった。赴任した明治三十四年（一九〇一）といえば、先の本山への献木からそんなに経っていない頃で、信仰心の高揚していた時期である。兵蔵の出身地網掛は、先に大木をおろしたところで、同じ真宗の地であった。兵蔵は素直に刀利の村にとけこんだのであろう。

参考文献

『真宗本廟（東本願寺）造営史―本願を受け継ぐ人びと―』東本願寺出版部　平成二三年七月刊　第三部一章三節「富山県刀利村からの献木」（加藤亨子執筆）

刀利の自然

堀　与治

一、刀利というところ

刀利は小矢部峡上流刀利ダム周辺一帯を含む地にあり、平均高度三百五十メートルの山間地で、安山岩を中心とした岩稲累層、白っぽい流紋岩からなる太美山層群の中にあり、全体的にV字形の谷でできている。「赤壁」と呼ばれる岩稲累層が特に知られている。この層に含まれる赤色を帯びた珪岩チャートの円礫が玉盃に加工され、約三キロメートル下流の流紋岩の「真《ま》石《いし》」とともに有名である。

二、豊富な四季の植物

刀利は夏には雨量が多く冬は日本海特有の多雪地帯で、ブナクラスの下部に生育するチャボガヤやエゾユズリハ等がよく育つ。また雪によって変形した植物や雪に耐える植物も多い。文流を含めると変化が多様で、環境によって生育する植物も多様となり約五百種を数える。以下主なものを述べることとする。

1、コナラ、マルバマンサク群落　刀利

これは人が最も利用する群落で、下刀利、上刀利、滝谷地域に多い。コナラは地区民は単にナラと呼び、ホウサとも呼ばれ、木炭の原木としては良質でイタヤカエデと共にこの木の炭が最多であった。このほかミズナラ、ナツツバキ、ウダイカンバ、オオヤマザクラ、ヤマボウシなども原木とした。

刀利で採集できる木の実といえば、それはクリであり、今は無くなった県の施設「青年の家」周辺のクリ林は特に木が多く、実を拾う人で賑わった。又、春のチシマザサの竹の子取りも忘れられぬ思い出である。

2、マルバマンサク、ミズナラ群落　中河内

この群落は中河内、下小屋地域に多く見られるようになる。マルバマンサクは柔軟性に富み山境の木に用いられた。枝を丸くしてQの字に結んで数年経つと太い境木となる。又雪上を歩くのに使う「かんじき」の作成に用いた。オオバクロモジもかんじきとなる。

中河内の上流から道は険しい山道にさしかかり、植物は深山性となりホンシャクナゲが見られるようになる。ホンシャクナゲは花弁は七裂し紅紫色で美しい。旧福光町の町花である（福光町：医王山麓の町だったが二〇〇四年、南砺市に合併された）。葉の裏の毛は少ない。

道の下深く水の流れが静かな長瀞峡というところの東は急斜面で標高八百メートルの山となるが、ここは高さの生育限界といわれるアカマツの自然林が見られて貴重である。ヒメコマツもマツタケも生育するが、山が険しく採集困難である。ここを展望する地点を瀬戸平峡と呼び、市の名勝地に指定されている。

中河内の旧民家近くの小矢部川岸の平地には地方名ジンガサノケヤキと呼ばれる良質のケヤキが数本あり、このケヤキは旧白山社から東本願寺へ献上されたケヤキと同質のものではないかと思われ、大切に育てたいものである。

3、ブナ、ミズナラ群落　下小屋

この群落の代表種のブナは下小屋には大木は見られない。ミズナラと共に製炭原木となったのであろう。しかし、ミズナラの大木は多く、マイタケの自然発生は見事なものが見られる(マイタケは毎年は出ない。一～二年おきで、採集者は大切にこの場を守っている)。

平成十二年頃からカシノナガキクイムシよってミズナラは殆ど全滅となった。殊に低地のミズナラは全滅し標高七百メートルより上のものが残った状態である。ここではブナオ峠周辺より大門山にかけての高地にあり数は少ない。

次にトチの木であるが、刀利から中河内にかけてとても少なく下小屋に来て大木がみられるが、それも数は少ない。昭和二十六年にこの地を度々訪れたが、「とちもち」は一度も食すことはなかった。大変大きなサルナシの藪に出会い実を食したが甘酸っぱく種が多かった。

最後にキハダを取り上げたい。この木の樹皮は大層苦く黄檗《おうばく》という薬（健胃剤）をつくる。この木は切って皮を剥ぐのであるが、元から切れば沢山皮は獲れるが枯れてしまうので、下から三十センチくらい上で切ってひこばえを出させる工夫と知恵が大切なのである。

三、植物の利用

ここまでは植物の分布の概要を、人の生活との関連から述べてきた。生物の生命現象の探求という教育的な面には程遠い解説であるが、色々今後の研修の参考にしていただきたい。最後に食と医への利用を述べて終わりとする。

1、食への利用

刀利の生活の中では贅沢は大の禁物で、暮らしの課題を創意工夫と感謝の心で全てを自給自足で過ごすことが基本で、その第一が植物の利用工夫であり、山菜の活用であった。すすたけ（チシマザサ）、かたは（ウワバミゾウ）、やまぶき（フキ）、きのした（モミジガサ）、とらせ（トリアシショウマ）、オオヨモギ、くわがらな（オオアキギリ）、オオバギボウシ、くぐみ（クサソテツ）、サワアザミ、セリ、ゼンマイ、ミツバなど約四十種。

2、医への利用

オウレン、キハダ、ドクダミ、センブリ、カワラゲツメイなど約二十種。

四、青年教師の決意

本文の趣旨と少し異なるが、旧太美山小学校谷川基次郎校長の談話に少し触れておきたい。

「若い山崎兵蔵という青年教師は、ある日桑の葉の多い枝二本を切り、一本の枝は葉を全部取り去り、そのまま二本の瓶にそれぞれ一本ずつ入れ水を満たして、どちらの水が減るか見させ、なぜ減るかを考えさせ、減った水の量を測る方法を色々やらせた。又ある日、真っ赤に咲いたミョウガの花を株ごと持って来て、鉢に植えさせ『これは本当の花か』と毎日見せたという。当時このような指導をする先生はいなかった。兵蔵は自分も創造する力を磨き、子供にも創造する力をつけたかったのだと思う。」

五、刀利の光

筆者の耳にした忘れえぬ一言

刀利ダム造成は、刀利の人々にとっては永年親しみ住み馴れたこの地を去ることであった。一人の女性が涙で語った一言を筆者は忘れることはできない。

「先祖様が築いてくれたここを去ることはとてもつらく死にたい思いです。が、川下で水枯れやあばれ水で苦しんでいる人を救うために佛様の心で出て行きます」

両手を合わせて話す目に涙が光っていました。

刀利のあらまし

辻沢　功

（刀利村の成り立ち）

昭和三十年代までの刀利村は、富山県の南西部（現・南砺市）に位置し、標高千六百メートル弱の大門山に源流をもつ小矢部川の上流から下流へ、およそ十キロメートルの間に下小屋、中河内、滝谷、上刀利、下刀利の五つの集落から成り立っていた。

この一帯には、新生代（約六千年以前）の火山活動によって露出したという岩石群の景勝地（長瀞峡や不動滝など）があり、春から秋にかけて美しい樹木や草花で彩られる山間地は、古くから刀利谷と呼ばれてきた。

また、平安時代末期、粟津ヶ原（滋賀県）で源義経に追われ討ち死にした木曽義仲の残党が隠れ住んだとも伝えられることから源氏谷ともいった。

（交通の要所）

刀利への道筋をみると、北へ小矢部川を十六キロほど下ると福光の中心部に至る。西は石川県と県境を接し、横谷から湯涌谷を経て金沢に通じ、南はブナオ峠（標高千メートル）を越えて五箇山・西赤尾から白川郷へ通じている。古くから刀利は加賀と飛騨を結ぶ交通の要所であったことが分かる。

天正十一年八月頃、越中を統一した佐々成政が当時、敵対していた加賀の前田利家との戦いに備えて加賀との国境に四十八の砦を築いたといわれている。

刀利城はその一つである。今はダムの湖面から三十メートルほどの高さに張り出した先端部だけを見ることが出来る。この砦は小矢部川沿いの谷間と集落を見下ろし、加賀・横谷へ通じる道筋を監視する役割も担っていたのであろう。

天正（一五八三）十二年（一五八四）に佐々成政が刀利城主・宇野宗右衛門に対し三百俵の土地を与えた書状「知行宛行状」とその翌年、前田利家が佐々成政を破った直後に、同じく宗右衛門に湯涌谷領の百二十俵を与えた宛行状があるが、いずれも子孫の宇野信一家（金沢市）に残されている。[①]

（人口と生業）

刀利村の人口の推移をみると、江戸初期の元和五年（一六一九）、三十世帯だったものが寛政四年（一七九二）には五十二世帯二百九十九人になり、ピーク時の明治五年（一八七二）には七十八世帯四百七十五人となっている。

その後、明治政府が打ち出した富国強兵、殖産興業政策で北海道移民計画が推し進められ、明治十五年（一八八二）から昭和十年（一九三五）までの五十三年間に刀利村の三分の一に当たる二十七世帯、百三十人が北海道へ渡った。

さらに第二次大戦や戦後、経済成長に伴う都会への流出などの背景もあり、人口は次第に減少し廃村時には五十一世帯、三百三十三人になっていた。

一方、生業は山間地のため稲作は自給程度で、村の収入源の大半は木炭の生産であった。昭和二十三年度の製炭量は五万俵をこえ、当時、日本一の炭窯を築いて一人で三千五百俵余を出荷したという記録が残されている。とくに刀利の堅炭は評価が高かった。[②]

豊かな山野から採れる山菜（ゼンマイ・スス竹・ウド・山芋など）や漆掻き、狩猟なども重要な副業になっていた。また、藩政時代から続けられた機織り（麻布）は、昭和に入って安い木綿が普及すると姿を消した。

〈教育免除地を返上〉

明治十九年（一八八六）小学校令が公布され各地の学校が再編され初等教育の充実が図られたが、刀利は僻地なので小学校の建設や、先生を派遣するには大きな財政的負担が伴うという理由で、明治二十五年から教育免除地になっていた。こんな状況に刀利の人びとの思いも複雑だった。一年の三分の一が雪に閉ざされる集落にとって、耕作や山仕事には子供も貴重な働き手で学校どころではないという事情があったからだ。

当時、太美山尋常小学校長であった影近清毅は、この状況を深く憂いて村長の宮西米作とともに郡役所などの関係機関に陳情を繰り返し、三十四年四月から分校が設置されることになった。影近は教え子だった山崎兵蔵少年を分校の先生に推薦した。

山崎少年のひた向きで沈着冷静な性格を高く買ってのことであった。

兵蔵が小学校を終えるとき、影近は、山本宗平が務める福光尋常高等小学校に入学を勧めた。山本宗平は、勤勉励行、わけ隔てのない教育を実践し三十四年間にわたり地域に尽くした富山県を代表する教育者であった。その薫陶を受けた兵蔵は、晴れてこの三月卒業したばかりであった。山崎少年の登用で刀利の初等教育が始まったのである。

（解村までの変遷）

明治二十二年（一八八九）の町村制の実施により、刀利村は臼中村、立野脇村、綱掛村、吉見村、舘村、米田村、重安村、七曲村、樋瀬戸村の十カ村と嫁兼村の一部、才川村の一部を合せて新しく太美山村となった。

そして昭和二十七年には近隣町村の十カ村が合併して福光町になった。

刀利ダムの築造が始められると、まず湖底に沈む下刀利、上刀利、滝谷の三集落は昭和三十六年に解村し続いて四十一年に下小屋、四十五年には中河内が解村して、かっての刀利村の五つの集落はすべて姿を消した。

ダムサイトの公園には、ダムの建設に尽くされた衆議院議員・松村謙三先生の銅像と見下ろすダム湖畔には山崎兵蔵先生の銅像がむかしを偲ぶがごとく静かに立っている。

参考文献

①「福光町史」上巻―平成23年刊

②「刀利谷史話」宇野二郎編―昭和53年刊

刀利谷の生活

加藤　享子

刀利谷は、深い森に囲まれた渓谷である。昭和三十七年の離村まで炭焼を生業とし、山の恵みを最大限に生かして自給自足の生活を送ってきた。人々は数ある樹木を知り尽くし選りすぐり、この地にあった最適な利用法を伝えてきた。木は材木としてはもちろん、実や若葉、葉、樹皮、花、小枝にいたるまで、すべてを利用してきた。また種類により日向の木、日陰の木、成長の早い木、遅い木などそれぞれの特質を生かし利用してきた。刀利谷の人は「山の木で無駄なものは何ひとつない」という。ここに自然と共に生きてきた、日本人の暮らしの原点がある。

その木の利用の一つが樹皮である。樹皮は衣・住・薬・民具などに盛んに利用されてきた。炭焼では鉈を多用する。その「鉈入れ」をコクボ（さるなし）で作り「コクボのナタヘゴ」とよび、紐に通し腰に下げた。コクボは樹齢三十年以上の真っ直ぐな蔓を三月初旬に採集し、乾く前に剝ぐように切り、網代に組んで形にしていく。出来上がったナタヘゴは大変に丈夫であり、使い方にもよるが、八十年でも保つ。忙しい山仕事の合間には、わずか十五分ほどの昼寝をする。その時もこのナタヘゴを枕とした。がっしり組まれ、日が経つほどに乾燥していき、しっかり締まっていく。また、使い込まれるほどに汗と油が付き、つやが出て美しくなっていく。それはあたかも芸術作品のようである。

ナタヘゴの技術は、縄文時代から伝えられてきていた。同じ小矢部川水系の富山県西部、桜町遺跡から出土した小籠は、組む技法、材質が刀利谷のナタヘゴと全く同質の物だった。ナタヘゴは、気の遠くなるような長い年月にわたり、この刀利谷に伝えられてきていたのである。

山村の生活はそのほとんどを自給でまかなう。厳しい自然条件の中で生き抜くため、冬は夏のため、夏は冬のために働いて備えた。雪に囲まれる冬は夏に使う炭俵を始め、バンドリ（丸蓑）・ネコダ（背中当て）・荷縄・草鞋など、ヨキ（斧）の柄に至るまで何でも作り、「莫蓙と桧笠以外は自分で作った」という。炭俵を作るための萱は、秋に刈り、冬に編み続けた。あまりに沢山の萱が必要なので、屋根の葺き替えの萱が不足し、雨漏りした家さえあったという。

そして雪が融けると、一斉に炭焼が始まる。山の木の成長を見ながら毎年適所へ移動する。そのため炭窯は毎年作り直す。炭窯を作る場所は地下水が湧き出ず、しかも窯を作るため水の便がよく、土・石などがある条件を満たす所である。場所を設定すると、まず草木を刈り、窯への道をつくる。石や土できちんと塗り固めた丈夫な炭窯を作るのは、一か月もかかる。炭材となる窯木を切るにも、まず回りの柴や笹を刈り取る。それから木を切り倒し、窯に入るよう六尺の長さに切りそろえる。出ている枝も切る。また、木に曲がりがあると、鉈ではつり真っ直ぐにする。ようやく窯木の準備ができた。これらの作業はヨキ（斧）・鉈・鋸などを使い、すべて人力で行われた。

窯木を窯の場所まで運ぶのも大変な重労働だ。炭窯では炭焼が始まると、火の調節にその場を離れられない時もある。煙の色などを見ながら窯の温度を推察し、火加減を調節する。それは熟練の技術を要した。

八日ほどかけて焼き、ようやく炭が出来上がると、選別して炭俵に詰める。窯木は炭になると六分の一の重量になった。炭俵一俵の重さは、明治期は六貫、大正期は五貫、昭和期は四貫である。それを山から人家近くまで担ぎ出す。男は四、五俵担ぐ。子供も小学生になると、男女とも手伝いで担いだ。毎朝四時には起こされて、五キロほど離れた炭窯から曲がりくねった細い山道を、一俵担いで出すのは、学校へ行く前の、毎日の子供の大切な朝仕事だった。

十一月になると、雪がちらついてくる。しかし、そのころが炭焼の最盛期であり、雪が積もる十二月初めまで、めいっぱい焼き続けた。村では年間三千五百俵焼いた家もあった。当時炭は高値で売れ、刀利谷の生活を支えた。

戦前に刀利谷から炭を購入していた人の話である。刀利谷へ炭を買いに行くと、家には誰一人いない。全員遠くの山へ炭焼に出掛けているからである。そこで小学校へ行くと、山崎兵蔵先生がおられる。先生は村中の印鑑を預かり、各家の炭の出荷の手続きを代行される。商人は山崎先生と購入の交渉をし、先生に代金を支払い、印鑑を押してもらい購入できた。だから商人は「山崎先生のおかげで、炭を買わせてもろた」と常に言っていたという。

村人は山崎先生に、村全戸の印鑑を渡し生業の炭の代金を任せるほど、心から全幅の信頼をしていた。山崎先生は村人を支え、村人は先生を信頼し、共に生きた刀利谷であった。

山崎兵蔵先生の履歴

・明治二〇、一、一〇　富山県西礪波郡太美山村綱掛二十三番地に山崎善蔵・母はよの二男として生まれる。
・明治三四、三、二五　富山県西礪波郡福光尋常高等小学校を卒業する。
・明治三四、五、三　西礪波郡太美山尋常小学校代用教員となり刀利分教場勤務。月俸六円
・大正二　地域産業を定着させようと学校に稚蚕共同飼育場を設置し、各種講習会を開催、現金収入の道を支援した。
・大正八　学校に共同購入販売所を開設し青年夜学校生徒に管理させてへき地の不便さを緩和する。
・大正一二、三、二五　尋常小学校准教員免許を取得。太美山尋常小学校准訓導を命ぜられる。
・大正一四、五、三〇　多年の気象観測をたたえて大日本気象学会より表彰を受ける。
・大正一五、六、三〇　富山県西礪波郡太美山農業補習学校助教諭兼務を命ぜられる。
・昭和四、一二、二四　月俸四九円
・昭和五、一〇、五　市町村立小学校教員加俸令に依り年功加俸年額十二円
・昭和六、　村人とはかって道路の改修、植林、木炭の改良を目的とした刀利土工森林組合を設立する。
・昭和七、八、一　富山県公立小学校准訓導に補せらる。
・昭和八、二、一一　富山県教育功労者として知事表彰を受ける。
・昭和八、十一、一一　帝国教育会創立五〇周年記念大会において教育功労者表彰を受ける。
・昭和一、四、二九　地域自治振興に尽した功績に対し太美山村より表彰を受ける。
・昭和一四、一二、三一　月俸六〇円
・昭和一六、四、一　太美山尋常小学校が太美山国民学校と改称。富山県国民学校准訓導に任ぜられる。年功加俸年額二四円
・昭和一六、六、二四　児童生徒の訓育と村民の納税思想普及に尽した功績で富山県礪波税務協議会より表彰を受ける。
・昭和一七、二、一一　多年の文化啓発に尽したとして高岡文化協会より表彰される。

・昭和一八、六、一　二十有余年の気象観測に対し富山測候所より表彰を受ける。
・昭和一九、三、二一　多年の道路維持保全に対し富山県知事より表彰される。
・昭和一九、六、一　公益のために二五年以上の気象観測に従事した功績に対し、中央気象台より表彰を受ける。
・昭和一九、八、三一　国民学校訓導免許を取得。
・昭和一九、九、三〇　太美山国民学校訓導に命ぜられる。七級俸。勤続手当月四五円
・昭和二二、一、二四　教育職員適格判定書を受け取る。
・昭和二二、四、一　富山県西礪波郡太美山小学校と改称、訓導に補せらる。
・昭和二六、一、一　十一級三号俸　調整四号一四、七〇〇円
・昭和二六、九、二三　富山県を視察、講演された天野貞祐文部大臣と県庁にて面談。激励を受ける。
・昭和二七、五　教育功労者として藍綬褒章を授与される。
・昭和二八、三、二五　学芸図書出版社より村田豊二著「一茎百華」出版される。
・昭和三五、　テレビを購入し学校に常設、村民に開放する。
・昭和三六、一一、末日　刀利ダム築造のため解村と共に本家の綱掛、山崎恒夫家に身を寄す。
・昭和三八、三、一〇　本家に於いて永眠。享年七七歳
へき地教育功労者として正七位勲六等旭日章を授与される。
・昭和四一、四、三〇　さ・え・ら書房「教育に尽くした先覚者たち」に高野長英、福沢諭吉、内村鑑三とともに
推挙、発刊される。
・昭和六〇、　北日本新聞社　郷土の先覚一〇〇人に推挙される。
・平成一二、一〇、一五　チューリップテレビ越中人譚に推挙される。
・平成一二、十一、二五　北日本新聞二十一世紀に伝えたい「とやま先覚一〇〇人」に推挙される。
・平成一三、八、一五　富山市民プラザに於いて「越中人譚一〇八人展」に公開される。
・平成二三、六、一〇　山崎兵蔵没後五〇年法要
桂書房より「一茎百華」復刻版刊行される。
・平成二六年　南砺市教育センターより「南砺の偉人」に推挙される。

未来へのメッセージ

太美山自治振興会長　上坂甚誠

平成二三年の春、それは一本の電話から始まりました。当時、南砺市副市長の中山さんから刀利ダム離村五〇周年の記念事業に地元の振興会として手伝ってもらえないかと打診がありました。その後我々は、既に離村されて日頃ほとんど会うことも無かった刀利出身の七十から八十歳代の方々数名と面会しました。そこで、出会った童心のような目をした刀利出身の方々から、ダムの水面の下に眠っている古の営みの話を聞き、山崎兵蔵先生を綴った「一茎百華」の復刻版の話を伺ったことが、節目の五〇周年記念事業のお手伝いをすると言う千載一遇の機会を得るとなり、さらには現在の太美山自治振興会活動の起爆剤、そして、本書発刊へと歩むきっかけとなりました。

明治期の太美山村は、三五〇世帯、二〇〇〇人を超える人口をもつ、活気にあふれる豊かな村でありました。しかしながら、刀利ダムによる離村をきっかけとし、上流を含む五集落が廃村となり、さらに臼中ダムの設置などにより、度重なる廃村と過疎化から、現在では一三〇世帯にさえ満たない四〇〇人あまりの山と水面と不便な道路だけの地域となりました。いつの間にかすっかり過疎化に慣れてしまった我々は、ただ、現状のみを受け入れこの地にどれほどの歴史と人々の営みがあったか、誰も気にもしないほどの状態となっていました。

福光中学校の課外活動で刀利ダムと山崎兵蔵先生を学ぶ課外授業がありました。現在では、ただ満面の水が迎えてくれるだけのこの地に、千年にもわたる活き活きとした多くの人の営みがあり、同年代の十五歳で刀利分校に赴任し一生涯を刀利にささげた「山崎兵蔵」先生の生涯があったことは、想像もしなかったことのようでした。我々でも毎日の営みから目線が平野部方面にばかり向いているのであるから、現代の中学生が知らないのも無理のないことでありま す。

しかしながら、長い年月をかけて多くの人が培ってきた大切な文化やそこに刻まれてきた歴史を、戦後わずかな期間の急激な社会構造の変化によって忘れさせて良いはずがありません。逆に、人間として一番大切なものを忘れ去られようとしているこの現代だからこそ、言い伝え残して行かなければならないと感じ、改めて「一茎百華」に目を通すこととしました。

発刊に際し、全ての編集を手掛けて頂いた福光美術館長の奥野達夫様、原文を執筆頂いた谷口典子様、素晴らしい写真の数々を撮影頂いた風間耕司様、巻末に刀利の信仰心等を添えて頂いた佐伯安一様、堀与治様、辻澤功様、加藤亨子様、そして刀利会会長の谷中定吉様をはじめとし、多くの方々のご協力を頂きここまで進めてまいりました。まとめあげて頂いた貴重な遺産を、今度は我々地域のものが必死になって未来に向けて発信し、継承して行かなければいけないと、強く決意を感じているところであります。自己主張ばかりが強調され、地域や人の繋がりを軽視する傾向が著しい現代において、大切なことは何か真の教育者とはどのようなものか、未来へのメッセージとして本書が少しでもお役に立つようであれば幸いであります。

あとがき

私が刀利出身の夫（谷口寛作）と結婚したのは昭和四十二年の四月はじめでした。それはちょうどダムが完成した（満水になった）頃でした。

夫をはじめ、夫の姉兄七人が山崎先生の教え子だったため、私はぜひ分校の近くまで行ってみたいと思ったのですが、まだ雪が深く、ダムへの道は通行止めになっていました。

当時私は二十三歳でしたが、夫の真摯な生き方や、やさしさ、人への思いやりなどに、強く心を動かされていました。朴訥な中にも滲んでくるひたむきな姿は、生涯にわたり、家族を愛し、はらからを愛し、ふるさとを愛し、日々感謝して誠実に生きる姿とつながっていました。

その夫も六年前、ひとり突然、ふるさとの空に旅立ってしまいました。悲しみの中、遺品を整理していましたら、ふるさとと刀利への思いとともに、山崎先生への敬慕の念を記した回想録が出てきました。その中に、山崎先生の教育の姿を示した『一茎百華』の本が大切にしまわれていました。手に取って読みはじめていくうちに、震えるような感動とともに、涙がとめどなく溢れ、夜が明けるのも気付かないほどでした。

読み終わった後、しばらく茫然としていましたが、これこそが山崎先生の「真実のやさしさ」、教育の原点だったのだという思いが、ひしひしと伝わってきました。そしてそれが、先生から教えを受けた夫の、真のやさしさにつながっていたのだということに気付きました。

私も結婚以来、教師として長いあいだ勤めてきましたので、どの内容も身にしみることばかりでした。一つ一つうなずきながら、もっと山崎先生のことを知りたい、そして他の方たちにもぜひお伝えしたい、という強い願望にかられてきました。その思いと同時に、子どもの頃に培われてきた教えというものが、これほどまでに大きな影響をあたえるものなのかということに、あらためて驚かされました。

山崎先生は時の文部大臣から、教育者として最高の「ペスタロッチ」ということばを頂きました。それは一切を教育にささげてきた先生への、そして真実の教育とは、いかなるものかを示してこられた先生への、最高の賛辞でした。

刀利は自然も生活も厳しかったけれども、人々のこころは豊かでした。山崎先生はさらに、一生をかけて、人間としての美しさを引き出す教育をしてくださいました。真心の教育からは真心の子どもたちが育ち、真心からの触れ合いが生じてきたのでした。

その基となったものは、刀利谷をつつんできた「心の内なるもの」、心の内にしっかりと培ってきた大切な精神だったと思います。人はどうあるべきか、を含め、「生かされている今に感謝し、一生懸命に生きる」、「ただ、困っている人のために、これを助ける」、という「真実のやさしさ」だったのではないでしょうか。この「無償の愛」ともいえるものこそ、山崎先生の内にあった「仏様のこころ」だったのだと思います。

先生の生家の横には今も蓮如上人の腰掛け石というものが残っています。当時は家の前に小さなお寺（善性寺）もあって、幼い頃よく、その敷石の上で、村人たちへのお話（聞法）を聞きながら遊んでいたといいます。「真実の優しさ」はこうしたところから育まれた「菩薩心」だったのではないでしょうか。

「他者のために生きる」。これほどすばらしい行いはないと思います。ここには、私たちが忘れかけてきた日本人の「こころの原風景」といえるものがあったような気がします。

この地域一帯を太美山といいます。山峡の貧しい村ではありましたが、とても美しいところで、ここには現代の私たちが失ってしまったもの、今日の教育に欠けてしまった何かがありました。それをぜひ皆様に知っていただき、残しておきたいという思いから、この本はできました。

時代とともに変わっていくものもあるでしょう。けれども、どんな時代においても変わってはならないものもあります。ここには時代や場所を超えて、私たちに語りかけてくるものがあります。変わってはならない教育の真実を、お伝えできたら嬉しく思います。

これより先、平成二十三年には、山崎先生の「真の教育の姿」を詳しく述べた『一茎百華』

の復刻版が出版されました。こちらのほうも多くの皆さんに読んでいただけましたら幸いです。

最後になりましたが、出版に際しましては、多くの皆様にお力添えをいただきまして、ありがとうございました。刀利の自然や生活、歴史や信仰などに関しましては、専門の先生方に執筆していただきました。より深く刀利のことをご理解いただけるものと思います。

また南砺市立福光美術館館長の奥野達夫様にはいろいろとご助言、ご指導をいただきました。心より感謝申し上げます。

時潮社社長の相良景行様には出版まで暖かく見守っていただきましたことに、厚く御礼申し上げます。

平成二十六年八月

谷口　典子

刀利会役員名簿

役　職	氏　名	連絡電話	住　所
顧　問	南　源右ヱ門	0763－52－1442	南砺市吉江中880－１
顧　問	村井　亮吉	0763－52－1350	南砺市荒木815
相談役	瀧田　　実	0762－61－5200	金沢市石引１－４－３
相談役	太田　　赳	0762－42－2681	金沢市平和町３－12－８
会　長	谷中　定吉	0763－52－1523	南砺市荒木159－２
副会長	浦　　武夫	0762－47－0162	金沢市三馬2734
会　計	南　　健良	0762－64－4010	金沢市三口新町１－９－５
理　事 (事務)	北村　一松	0763－52－1435	南砺市田中613
理　事	龍瀧　一憲	0763－52－1423	南砺市田中438
理　事	丸山　幹夫	0762－43－2646	金沢市長坂３－９－24
理　事 (中河内担当)	大高　茂次	0763－52－2922	南砺市福光700－６
理　事 (下小屋担当)	宇野　秀夫	0763－52－3850	南砺市田中593

昭和37年ダム建設に伴う離村者（世帯主名）

下刀利地区	氏　名	移住先
	＊木曽　伊三次郎	石川県（金沢市）
	高田　高松	石川県（金沢市）
	瀬戸　武雄	石川県（金沢市）
	荒井　松次郎	石川県（金沢市）
上刀利地区		
	山崎　兵蔵	昭和38年3月8日（死亡）
	＊村井　市三	富山県（南砺市）
	南　忠信	富山県（南砺市）
	南　清蔵	富山県（南砺市）
	坂下　伊蔵	富山県（南砺市）
	坂下　吉	富山県（南砺市）
	谷内　達次郎	富山県（小矢部市）
	谷口　時造	石川県（金沢市）
	谷内　敏宗	石川県（金沢市）
	宇野　二郎	石川県（金沢市）
	宇野　松次郎	石川県（金沢市）
	荒井　吉次郎	石川県（金沢市）
	中野　吉松	石川県（金沢市）
	北村　吉間	富山県（南砺市）
滝谷地区		
	＊瀧田　久信	富山県（南砺市）
	龍瀧　彦一	富山県（南砺市）
	丸山　市蔵	石川県（金沢市）
	山田　伝済	石川県（金沢市）
	太田　松太郎	石川県（金沢市）
	龍瀧　権次	石川県（金沢市）
	谷島　助松	石川県（金沢市）
	谷中　孫三	富山県（南砺市）
	砂田　栄松	富山県（南砺市）

（注）＊印の方は当時の建設委員会三役

執筆者・撮影者紹介

谷口典子

1943年　東京生まれ　1966年刀利出身の谷口寛作と結婚
明治大学政治経済学部卒業その後、教育に携わりながら早稲田大学文学部卒業
東京大学大学院人文社会科学系研究科私学研究員として研究活動（経済学博士）
その間、研究や仕事のかたわら詩作をつづける。
東日本国際大学教授、現在は東日本国際大学名誉教授、元保谷市教育委員
日本文芸家協会会員、日本ペンクラブ会員、日本現代詩人会会員
富山民俗の会会員
専門書　『東アジアの経済と文化』、『日本の経済社会システムと儒学』他
詩集　『あなたの声』（日本図書館協会選定図書）、『悼心の供え花』
詩華集　『羊の詩』、アンソロジー『空と海と大地と』、『風XI』他
編集　『ダムに沈んだ村・刀利』 2010年　谷口寛作著　谷口典子編

風間耕司

1938年　東京生まれ
日本大学芸術学部　写真学科中退　在学中より、樋口忠雄、柴田信雄両氏に師事し広告写真を学ぶ
1965年　北陸の自然や風土に魅せられ永住を決意し関口照生とフォトグラフィック・ユニティを東京と富山に開設
ふるさと開発研究所を主宰『富山写真語・万華鏡』を270冊（平成26年7月現在）を刊行
公益社団法人　日本写真家協会会員
社団法人　日本写真芸術学会会員
日本新聞協会広告企画賞、ＮＨＫふるさと富山賞、サントリー地域文化賞
日本写真協会文化振興賞、富山クリエーター大賞、ふるさと教育富山賞などを受賞。

詩人と写真家による山崎少年の刀利谷

2014年9月1日　第1版第1刷　　定価2000円＋税

編　集　太美山自治振興会
著　者　谷口典子 ©
写　真　風間耕司 ©
発行人　相良景行
発行所　㈲時潮社
〒174-0063　東京都板橋区前野町4-62-15
電　話　03-5915-9046
F A X　03-5970-4030
郵便振替　00190-7-741179 時潮社
U R L　http://www.jichosha.jp
E-mail kikaku@jichosha.jp
印刷・相良整版印刷　製本・壺屋製本

乱丁本・落丁本はお取り替えします。
ISBN978-4-7888-0696-2